Quedens · Insel unter weitem Himmel

Georg Quedens

Insel unter weitem Himmel

Amrum

Breklumer Verlag

Inhalt

Gesamtherstellung: Breklumer Druckerei Manfred Siegel
ISBN 3-7793-1120-8

Möwe am Inselhimmel

Amrum – vom Himmel gesehen

Das ganze Jahr über sind Silbermöwen am Himmel über Amrum. Meistens fliegen sie zielstrebig irgendwohin. Aber an sonnigen, windstillen Tagen überkommt sie die Lust, ganz hoch zu steigen und zu kreisen, so hoch, daß sie mit bloßem Auge kaum noch sichtbar sind. Nur ihre einsamen, selbstverlorenen Rufe »güo-güo« klingen herab.

Unter Flügeln und Augen der schwebenden Vögel liegt die eigenartige Insel, auch Heimat dieser Möwen, so klein, daß sie aus größerer Höhe mit ihren wechselvollen Landschaften ganz zu überschauen ist.

Draußen, wo Watten und freie Nordsee sich treffen, steigt die Insel längs der Brandung des Kniepsandes aus dem Meer. In grenzenloser Weite und als eine Landschaft leuchtender Leere breitet sich die Sandbank vor der Inselküste hin, an der Amrumer Nordspitze sanft auslaufend und in weitem, kühnen Bogen sich auf die Südspitze Wittdün zuschwingend. Erst hinter einem fast gradlinigen, nur hier und da vom Winde eingerissenen Dünenwall beginnt die eigentliche, halbmondförmige Insel mit einem Kern von gelblehmiger und grauer Geest. – Darauf die Kraterwelt der Dünen, die wellenartig über die westliche Inselhälfte gewandert sind – wie der Kniepsand eine aus dem Meer geborene Landschaft, die auch heute noch mancherorts keine Ruhe kennt.

Eingetupft in das Dünenwirrwarr liegen dunkle Heidetäler. Und dunkelbraun und dunkelgrün erscheint auch die Inselmitte mit ihren ausgedehnten Heiden und Wäldern. Erst auf der östlichen Inselhälfte verraten die Linien der Straßen, die Muster der Felder und Weiden, die konzentriert oder vereinzelt liegenden Gebäude der Dörfer den allmählichen Übergang oder den jähen Zusammenstoß von Natur und Kultur, von unberührter Landschaft und von besiedeltem und bewirtschaftetem Land.

Fast unauffällig – aus der Höhe erschaut – fällt die Insel mit einem grünen Saum von Marschen, Deichen und Wattenwiesen in das Wattenmeer ein, das sich bis nach Föhr erstreckt.

Über feuchte Watten spiegelt der Abendschein

Inselerwartung

Vom Festlande aus liegt die Insel so weit hinaus in der Nordsee, daß sie schon hinter dem Horizont verschwindet. Nur in der Nacht verrät das rhythmisch aufglühende Licht des Amrumer Leuchtturmes das Eiland draußen im Meer.

Inseln erreicht man mit Schiffen, und nach Amrum fährt man mit den Fähren der Wyker Dampfschiffs-Reederei von Schlüttsiel oder aber von Dagebüll aus. Runde zwei Stunden dauert die von Möwen verfolgte Fahrt. Gegen Wellen und Westwind drängt sich der Schiffsbug und stört hin und wieder Scharen von Eiderenten auf, die erst nach langem Anlauf auf dem Wasser Luft unter die Flügel bekommen und seewärts entschwinden.

Aber erst wenn man nach dem Anlegen in Wyk auf Föhr um die Ecke kommt, steigt die Insel aus dem Meer in den hellen Horizont und zeigt die wellige Silhouette ihrer Dünen. Schließlich nehmen die Bauwerke Konturen an. – Der Leuchtturm erscheint als schmaler, himmelwärts strebender Strich, weiß leuchtet der Turm der Kirche aus dem Grün, das die Häuser von Nebel versteckt, dann auf dem Hügel die Mühle mit ihrem Flügelkreuz und die ungeordneten Gebäude auf der Südspitze Wittdün.

Die Überfahrt zu einer Insel ist immer mit der Erwartung des Besonderen und des Eigenartigen verbunden. Und da draußen muß die Welt doch wohl noch heil und in Ordnung sein!? Heißt Insel doch soviel wie Isola, die Isolierung auch von allem, was unser Dasein so unruhig macht!

Ist Amrum noch eine Insel? – Wohl, wenn sich diese Bezeichnung geografisch auf ein von Meer umgebenes Stück Land beschränkt. Aber nur noch bedingt, wenn Abgeschiedenheit und Stille, Urtümlichkeit und ein in sich abgeschlossenes und abgerundetes Inselleben in Frage steht. Da sind die Insulaner längst zur Gegenwartswelt mit all ihren Erscheinungen in Verbindung getreten. Gleichsam wie ein Symbol vom Wandel der Zeit, steht das von Algen bewachsene Balkenwerk der alten Inselbrücke, längst ihres Zweckes beraubt, neben der nüchternen Verkehrsplattform des neuen Fähranlegers am Wittdüner Nordstrand. Und Auge und Gemüt betrüben sich an der hier stehenden landschaftsfremden Baukastenarchitektur, die erst einmal alle »Inselerwartungen« dämpft.

Der 1976 fertiggestellte Fähranleger ist mit seinem Tor über die Hebebühne im wahrsten Sinne des Wortes das Tor zur Insel Amrum. Kaum rastet der Anleger polternd in Bug oder Heck des Fährschiffes ein, ergießt sich ein Strom von Menschen und Autos an Land, verschwindet zwischen den Häusern des Ortes Wittdün und macht sich auf, die Insel zu erobern und in Besitz zu

MOLE
WITTDÜN

nehmen, während sich umgekehrt die Fähre mit Abreisenden füllt. So treiben Ankunft und Abfahrt der Schiffe den Menschen- und Autostrom hin und her – »Herzschlag« des Insel- und Fremdenverkehrs.

Erst auf der Weiterfahrt von Ort zu Ort beginnt sich die Landschaft zu öffnen, Heideflächen und sanftgewellte Feldmark breiten sich aus, Dünen und Kiefernwälder drängen bis an den Straßenrand, und hier in der unverplanten Natur erahnt man das »Inselparadies«.

19 Sanft hingeschwungen die Wittdüner Hafenbucht

Bewegte Zeiten auf Wittdün

Die nach Südosten auslaufende Amrumer Südspitze wurde erst in geschichtlicher Zeit von Wellen und Wind dem saaleeiszeitlichen Geestkern angelagert und wegen des jungen, noch weißen Seesandes seit jeher friesisch »Witjdün«, die Weiße Düne genannt. Der heutige Name aber ist, wer weiß warum, plattdeutsch. Jahrhundertelang lag dieses Nehrungsgebilde unberührt da, besucht nur von Strandläufern und Möweneiersammlern. Aber als Amrum noch zum Königreich Dänemark gehörte, hat auch der König Christian VIII. auf den Dünen gestanden und im warmen Sande geruht, wenn er von seiner »Sommerresidenz« in Wyk nach Amrum fuhr, um hier Wildkaninchen zu jagen. Einmal, Anno 1844, begleitete ihn sogar der Märchendichter Hans Christian Andersen und schrieb von einer Wanderung wie durch die Wüste, mit Dünen wie Pyramiden ringsumher. »Weit draußen schimmerte im Sonnenglast die offene See, aber davor dehnte sich meilenweit nur Sand. Zwei kleine Boote lagen da wie tote Fische und ein Wrack in der Ferne verstärkte den Eindruck der Verlassenheit ...«

Kaum fünfzig Jahre später war es mit der Ruhe und Verlassenheit vorbei. Die reichsdänische Enklave Westerlandföhr-Amrum war nach dem Kriege von Preußen-Österreich gegen Dänemark im Jahre 1864 aus dem Gesamtstaat herausgelöst und dem wenig später gegründeten Deutschen Reich einverleibt worden. Die gründlichen Preußen begannen das Seezeichenwesen zu organisieren und dazu gehörte auch der Bau des Leuchtturmes auf Großdün im Jahre 1875. Immerhin aber blieb noch soviel an Ruhe bewahrt, daß einige Süddorfer Interessenten es wagten, im Jahre 1883 in einer sumpfigen Heide am Dünenrand – gegenüber dem heutigen Campingplatz – eine Vogelkoje anzulegen, deren Fangerträge jedoch gering blieben und ganz ausfielen, als auf der Südspitze das große Bauen begann.

Die Anlage eines Badeortes hier, »wo man mit Leichtigkeit die ganze Schönheit der Natur genießen kann«, wurde bereits Anno 1885 durch einen eher zufälligen Inselbesucher, einem gewissen Schulze aus Waldhausen, angeregt. Aber die Gemeindevertretung lehnte diesen Antrag ab, »weil man den Verderb der guten hiesigen Sitten durch Badeleute befürchtete«. Doch wie schon seit eh und je – der Gedanke an leichteres Gelderdienen setzte sich über moralische Bedenken hinweg, und als dann in der für Amrum wirtschaftskritischen und von Auswanderung geprägten Zeit der Königliche Landvogt zwecks Besserung dieser Verhältnisse die Erteilung der »Badekonzession« gebot, da gab es kein Halten mehr. Bauplatz um Bauplatz wurde durch die Gemeinde Amrum an vorwiegend auswärtige Interessenten verkauft – die Badekonzession aber

erhielt der einheimische Strandvogt und Kapitän Volkert Quedens. Er hatte sich durch das Bergen gestrandeter Schiffe ein Vermögen erworben und setzte im Jahre 1889 auf die Südspitze ein erstes, scheußliches Hotel aus Wellblechfertigteilen hin. Zwei Jahre später jedoch übernahm eine Aktiengesellschaft aus Tondern, geführt von Heinrich Andresen, den weiteren Aufbau des Badeortes Wittdün. Noble Großhotels mit hochklingenden Namen wie »Kurhaus« und »Kaiserhof«, »Germania« und »Hohenzollern« entstanden, und längs der Hauptstraße entwickelte sich eine kleinstädtische Häuserfront mit Geschäften und Cafes, so wie sie heute noch zum Teil erhalten ist. Hochherrschaftliches Badepublikum aus Kreisen des Adels und Militärs lustwandelte unter Sonnenschirmen und Prinz-Heinrich-Mützen umher, traf sich in den Hotelsälen zum Table d'hote oder zur Reunion und entfaltete rundum wilhelminisches Gesellschaftsflair. Wer baden wollte, setzte sich in die seit 1893 betriebene Dampfspurbahn und fuhr ab »Kurhaus« über Strand und Kniepsand direkt bis zum Meer, wo eine Reihe von Badekabinen auf Ständern errichtet war. Hier wurden, entsprechend der Vorschrift und Moral die Geschlechter, ob groß oder klein, im »Damen- und Herrenbad« getrennt. Dazwischen stand eine Strandhalle, in deren Restaurationsraum man nach dem Bade tafelte oder trank und sich der Blasmusik der Kurkapelle und dem Rauschen des Meeres hingab.
So war in ganz kurzer Zeit, sozusagen über Nacht, eine Gesellschaft aufgetreten, die im seltsamen Gegensatz zum biederen, ja fast ärmlichen Inselleben stand. Und mit Verwunderung und Befremden betrachteten die in das mühsame Tagewerk eingebundenen Insulaner jene »Badeleute«, für die jeder Tag Sonntag war, lernten aber dann mit ihrem Sinn für's praktische bald, an diesen Leuten Geld zu verdienen.
Die Wittdüner Aktiengesellschaft konnte ihren umfangreichen Besitz jedoch nicht bewahren. Sie ging im Jahre 1906 konkurs, und als dann nach dem 1. Weltkrieg auch die wilhelminische Gesellschaft verschwand, konnten die meisten der noblen Hotels, von Sozialträgern gekauft, nur noch als ganzjährig betriebene Kinderheime bestehen.
Fast alle großen Häuser aus der bewegten Wittdüner Gründerzeit sind nun in den letzten Jahrzehnten verschwunden oder umgebaut. Aber heute wie damals haben es Architekten und Bauherren mit der Architektur anders gemeint als die über Jahrhunderte gewachsene Inseltradition. Wo seinerzeit Fassaden standen, die wenigstens noch Liebe zu handwerklichen Details und Schnörkeln verrieten, steigen heute die nüchternen Wände von Bettenblöcken aus den Dünen empor.

Unverändert aber blieb die großartige landschaftliche Lage Wittdüns zum Meer, im Norden vom Watt, im Süden und Westen von freier Nordsee umrahmt, mit einem Weitblick über die nahe und ferne Insel- und Halligwelt. Und es gibt wohl kaum einen größeren Gegensatz im insularen Naturgeschehen, als ein windstiller Sommertag mit flimmerndem Meer und leuchtendem Sand am Wittdüner Südstrand und eine Orkanflut, deren graugrüne Sturmseen drohend gegen die Strandpromenade drängen und dort, durch die Mauer jäh zum Stillstand gebracht, donnernd und haushoch über das Geländer gischten.
Zum Wittdüner Gesichtskreis gehört aber auch der lebhafte Schiffsverkehr, das Auslaufen und die Heimkehr der Krabbenkutter, das sommerliche Bild der vielen weißen Segel und das Hin und Her der Fähren.

Segelschiffe auf sonnenflimmernder See

Tonnenleger und Krabbenfischer

In sanftem Bogen schwingt sich von der Südspitze Wittdün bis nach Steenodde die alte Amrumer Hafenbucht, und mittendrin befindet sich der Seezeichenhafen – ein Hafen mit Herz und Atmosphäre!

Wie nur in wenigen Häfen, vereint sich hier fast alles, was mit der Küstenschiffahrt zu tun hat. Da liegen aufgereiht am Ufer bunte Jollen, an den Dalben der Seglerbrücke gebunden die Segel- und Motoryachten wasserlustiger Insulaner, ebenso in auffälliger Farbenfreudigkeit der Seenotkreuzer der »Deutschen Gesellschaft zur Rettung Schiffbrüchiger«, dessen Stammbesatzung – das Ohr am Funkgerät – auf Seenotfälle, eilige Krankentransporte und sonstige Einsätze harrt. Dazwischen haben die Amrumer Ausflugskutter ihren Liegeplatz, und am »amtlichen« Anleger entdeckt man entweder Motorboote des Wasser- und Schiffahrtsamtes oder der Wasserschutzpolizei.

Im roten Backsteinbau der grünbedachten Werkstatt schlägt ein Hammer auf Metall. Hier ist der Tonnenleger Ricklefs damit beschäftigt, die eingeholten Bojen und sonstigen Seezeichen von Rost und Seepocken zu befreien und mit einem neuen Anstrich zu versehen. Danach werden sie auf die Stellagen der Pier gerollt und liegen hier als frischduftende Farbensymphonien in Rot und Grün, in Schwarz und Grau, mit großen Buchstaben und Zahlen, die den Zweck und den Standort der Bojen und Tonnen verraten. Irgendwann werden sie dann auf das altertümliche Tonnenlegerschiff »Anna« geladen und in das Fahrwasser des nordfriesischen Wattenmeeres gebracht.

Schon seit der Mitte des vorigen Jahrhunderts, nun schon in sechster Generation, ist dieses Amt in den Händen der Familie Ricklefs geblieben.

Besonders lebhaft wird die Hafenszenerie, wenn am Spätnachmittag mit hochgezogenen Netzen die Krabbenkutter einlaufen, nebeneinander festmachen, und Heinz Domscheit, ein ostpreußischer Büsumer mit Friesenkopf rotgekochte Krabben in Tüten füllt, um sie zu verkaufen. Immer ist irgendwo irgendetwas los, es riecht nach Fischen und Teer, nach Krabben und Meer. Und Maler und Fotografen finden immer wieder neue Motive.

In den Bereich des Amrumer Seezeichenwesens gehört auch der am Dünenrand zwischen Wittdün und Süddorf stehende Leuchtturm mit seinen rotweißen Bauchbinden. Er wurde, wie schon erwähnt, im Jahre 1875 vollendet, um die Handelsschiffe vor den gefährlichen Sandbänken in der See vor Amrum zu warnen – sicherlich nicht zur Freude aller Insulaner! Denn Stran-

dungsfälle bedeuteten Gewinn in Form von hohen Bergungsprämien. Aber es waren auch »Strandräuber« unterwegs, um Schiffs- und Strandgüter heimlich zu bergen.
Drei Leuchtturmwärter wohnten anfangs in dem großen Haus an der Düne. Abwechselnd verbrachten sie die Nacht im Turmzimmer, warteten die Petroleumflamme und zogen das Räderwerk auf, das den Umlauf des Prismenkorbes in Gang hielt. Viel später erst machte der elektrische Strom diese Wartung überflüssig, und schließlich ging der Fortschritt auch über die Leuchtturmwärter hinweg – wie andere an der deutschen Küste, wird auch das Amrumer Leuchtfeuer seit einigen Jahren automatisch betrieben.
Seit jeher aber durften Besucher über die Wendeltreppe hinauf auf den Rundbalkon unter der Turmkuppel, um aus einer Höhe von etwa 61 Metern über dem Meer die Insel und ihre Umgebung in Augenschein zu nehmen.

59

Feierabend an Bord der Krabbenkutter 30

Steenodde – der alte Hafenort

Vom Seezeichenhafen zieht sich die Bucht weiter nach Steenodde fort. Früher, als es noch keine Brücken auf Amrum gab, gingen hier an der »Steinodde« die Frachtschiffe – so auch jene mit dem Baumaterial für den Leuchtturm – bei Hochwasser vor Anker und wurden bei Ebbe entladen. Und in der Zeit der Austernfischerei, zwischen Mittelalter und 1900, lieferten die Austernkutter ihren Ertrag hier an Land.
Schließlich entschloß sich dann die Gemeinde Amrum, eine feste Brücke zu errichten, die im Jahre 1895 fertig wurde. Viele Jahre ging nun der Frachtverkehr von Baumaterial, Brennstoffen und anderen Gütern über diese Brücke hinein in die Inseldörfer und auf dem Sandwall entstand eine kleine Schiffswerft. Zehn Jahre lang, von 1960 bis 1970, legten hier auch die Linienschiffe der Amrumer Schiffahrts AG an, ehe sie von der WDR übernommen wurde.
Dann wurde es stiller an der Steenodder Brücke, als die WDR ab 1962 ihre kombinierten Passagier- und Autofähren in Dienst stellte und fast alle Groß- und Massengüter nun auf Lastwagen durch diese Fähren über die Wittdüner Brücke auf die Insel gelangten.
Gleich an der Steenodder Brückenauffahrt steht das wohl älteste Inselhaus, Anno 1721 durch einen Hamburger Kaufmann, offenbar in Zusammenhang mit der Austernstation, erbaut. Jahrelang war darin eine Gastwirtschaft, unter dem Namen »Lustiger Seehund« bekannt.
So abseits von den lauten Wegen, hinterm Deich und auf der Anhöhe mit weiter Sicht über das Wattenmeer nach Föhr und den Halligen, ist Steenodde heute der wohnlichste Ort der Insel und präsentiert sich und seine Harmonie auch durch neue, schöne Häuser im bodenständigen Friesenstil.
Die Gegend um Steenodde ist historischer Grund. Hier haben die alten Germanen gehaust, und an keiner anderen Stelle sind auf kleinem Raum soviele Zeugen jahrtausendelanger Besiedlung und Kultur so konzentriert wie hier. Am Südrand des Ortes wurde eine aus Findlingen zusammengesetzte Grabkammer der Jungen Steinzeit (um 3000 vor Chr.) freigelegt. Nach Westen hin kennzeichnet der Flurname »Ual Hööw« einen frühgeschichtlichen Urnenfriedhof. Zwischen den Häusern und draußen im Feld liegen Hügelgräber der Bronzezeit (1600–500 vor Chr.) sowie eine Ansammlung flacherer Hügel der nachfolgenden Eisen- und Wikingerzeit.
In weitem Bogen zieht sich, hier beginnend, das größte Bodendenkmal der Insel, der »Krümmwall«, von Steenodde über Süddorf bis zur Mühle von Nebel hin. Doch dieses große, mit primitiven Mitteln von Menschen aufgeschüttete, von Ginsterbüschen und Seggen bewachsene und

von Wildkaninchen zerhöhlte Werk, hat das Geheimnis seines Zweckes und damit auch der Entstehungszeit bis heute der Nachwelt verschlossen. Die Sage erzählt von einem alten Heerweg, der irgendwo über die Insel ging, nordwärts nach Föhr, westwärts zum Meer, zu Stätten und Häfen, die längst versunken sind. Für Kriegszwecke dürfte dieser Wall jedoch gänzlich ungeeignet gewesen sein. Aber wie die Hügelgräber, die als dunkle Rundungen verstreut auf den Geesthöhen liegen, so spannt auch er den Bogen der Phantasie aus der Gegenwart zurück zu fernster Vergangenheit und gibt dieser Landschaft Geschichte, Gestalt und eine Stimme, die lautlos von weit zurückliegenden Ereignissen erzählt. Fünftausend, dreitausend, eintausend Jahre liegen diese Bodendenkmäler schon hier – welch eine Zeitspanne angesichts des schnellen Wandels in unseren Tagen!

Unterm Regenbogen die Süddorfer Mühle

Friesenhaus in Süddorf

Auf dem Mühlenhügel

Zwischen Steenodde und Nebel hat sich die hohe Geest bis an das Wattenmeer herangeschoben – oder umgekehrt: Das Meer ist über Jahrhunderte herangedrängt, beraubte mit Sturmfluten der Küste das Land und gestaltete ein Kliff, das zu den eigenartigsten der nordfriesischen Inselwelt gehört.

Der Strandfuß ist mit einem Mosaik kleiner, bunter Steine, mit faustgroßen Feldsteinen und schwergewichtigen Findlingen aus dem eiszeitlichen Geestkern bedeckt. Nur hohe Sturmfluten erreichen heute das Kliff, steilen es ab und vermitteln einen Einblick in den Querschnitt des Inselblocks.

Von der Kliffhöhe aus erfassen die Augen die stille, graugrüne Wattenbucht mit dem Kirchdorf Nebel. Ein braunes Reetdach hier und da, die meisten der Häuser von Bäumen versteckt. Nur das weiße Gemäuer der Kirche sticht deutlich hervor, besonders eindrucksvoll, wenn es zwischen den Lücken dunkelblauer Sturm- und Regenwolken von der Sonne getroffen wird, vor der Wetterwand regelrecht zu leuchten beginnt und sich auch auf den nahen Wattenflächen widerspiegelt.

Das Wattufer ist mit der Zeit dem Dorf sehr nahe gekommen und große Sturmfluten, zuletzt jene von 1962 und 1976, treiben ihr Wasser über den schmalen Saum der Wattwiesen bis hinein in tiefgelegene Dorfteile. Nach Norden, Westen und Süden steigen die Geesthügel an und kuscheln das Dorf in ihren Windschutz ein. Auf der westlichen Anhöhe, mit etwa 18 Metern über dem Meer der höchste Punkt des eiszeitlichen Inselbodens, steht die Windmühle in einen Reetmantel eingehüllt. Sie wurde 1771 als Erdholländer zum Graupenmahlen gebaut, zum Schälen der Gerste. Erst 1850 erhielt die Mühle einen härteren Stein zum Feinmahlen auch anderer Getreidesorten. Seit dieser Zeit ist sie, bis zur Stillegung im Jahre 1964, im Besitz der aus Nordschleswig hier eingewanderten Müllerfamilie Kristensen geblieben. Trotz innerer Modernisierung hat die Mühle ihr äußeres Bild durch die Jahrhunderte kaum verändert – abgesehen von der Windrose, die seit 1920 die Mühlenkappe mit den Flügeln ständig gegen die Windrichtung dreht. Bis dahin mußte die Kappe mittels eines von oben herunterreichenden Balkengestänges, dem »Steert«, durch Handkraft bewegt werden.

Als der Müller den Betrieb aufgab – nicht weil es da oben auf dem Hügel an Wind zu fehlen begann, sondern weil rentablere Mahlmethoden das alte Handwerk verdrängten – da wurde die Mühle von einem eigens zu diesem Zweck gegründeten Verein erworben und als Museums-

Reifendes Korn vor der Nebeler Mühle

mühle bewahrt. Noch heute ist das Mühlenwerk völlig intakt und unablässig spielt der Wind mit den Flügeln der Windrose, um die Kappe gegen seine Richtung zu drehen. Und wenn auf der Insel jemand gestorben ist, werden die großen Mühlenflügel aus der Ruhestellung in das »Kreuz« gestellt, solange, bis die Beerdigung gewesen ist.
Kreuze ganz anderer Art – aber auch sie den Endpunkt eines Menschenlebens markierend – stehen gegenüber der Mühle aufgereiht auf den Gräbern des Heimatlosenfriedhofes. Der Findlingswall und die duftend blühende Holunderhecke ringsum vermitteln nichts von der Dramatik, die mit den Kreuzen und Daten darauf verbunden ist. Hier ruhen unbekannte Strandleichen, Seefahrer und Fischer, die am Inselstrand angespült wurden, und auf den Kreuzen steht nur das Datum des Fundtages.

Weidende Pferde am Wattenmeer

Zwischen Sonnenuntergang und Wattenwiderschein – die Kirche und das unter Bäumen verborgene Friesendorf Nebel

Nebel – das Dorf um die Kirche

Schmale Straßen und Gassen, manche davon nicht breit genug, daß Autos aneinander vorbei können, führen durch Nebel – ein Dorf, das im historischen Kern noch weitgehend sein originales, architektonisches Bild durch die Zeiten und den Geschmackswandel gerettet hat. Nur hier und da stehen einzelne, fremdartige Gebäude, zwischen Jahrhundertwende und Gegenwart gebaut.

Kennzeichnend aber für das allgemeine Ortsbild ist die Harmonie der Friesenhäuser mit ihren Blumen- und Obstgärten. Die äußere Erscheinung des Friesenhauses wird geprägt durch ein Reetdach, das wie eine hohe Haube auf den relativ niedrigen Mauern ruht. Über die meist rundbogige Tür erhebt sich der Backengiebel, aus Brandschutzgründen einst von der Landesherrschaft verfügt. Denn bei einem Brand bleibt die Giebelfront von herabfallenden, brennenden Reetbündeln verschont und gestattet den Hausbewohnern einen sicheren Fluchtweg. Giebel- aber auch andere Hauswände sind in der Regel mit verschnörkelten, schmiedeeisernen Maueranker versehen – Namensinitialen der Erbauer oder Besitzer sowie Jahresdaten, die aber nicht unbedingt mit dem Baujahr des Hauses identisch sind. Typisch sind auch die kleinsprossigen Fenster, hinter denen der Betrachter mit Recht eine anheimelnde Behaglichkeit vermutet.

Mittelpunkt des alten Dorfbereiches ist die St. Clemens-Kirche, als einzige der mittelalterlichen Inselkirchen noch mit Reet gedeckt, ansonsten aber durch den Zementverputz sowie den neuen, erst 1908 anstelle des hölzernen Glockengestelles errichteten Turm mit Helmdach wenig altertümlich wirkend. Anheimelnd aber ist das Kircheninnere mit Balkendecke, derben Emporen und einer Ausstattung, die dem Kirchenraum eine besondere Atmosphäre verleiht. Von der Ostwand schauen die schlichten Schnitzfiguren des Christus und der Apostelreihe, sowie der Corpus des Gekreuzigten herab. Im Chor sind es Bilder und Ölgemälde von Pastoren, vor allem der Pastorenfamilie Mechlenburg, die im alten Inselleben von Bedeutung waren. Bemerkenswert ist auch der mächtige Taufstein aus Granit am Eingang zum Chor. Er soll aus dem 13. Jahrhundert stammen und damit fast so alt wie die Kirche sein.

Die großen Fenster im Süden verteilen in Schiff und Chor eine freundliche Helligkeit und setzten den Kronleuchtern über dem Mittelgang Spitzlichter auf. Von den drei Leuchtern wurden zwei im Jahre 1671 nach glücklicher Heimkehr von Grönlandcommandeuren gestiftet. Commandeure auf »Grönlandfahrt« waren Führer von Walfangschiffen, und von ihnen wie von den Kapitänen der Handelsseefahrt erzählen auch die barocken Grabplatten und Grabstelen auf dem Friedhof und am Friedhofswall. Da ziehen unter frommen oder hoffnungsvollen Sprüchen

Dorfstraße in Nebel

mit aufgeblähten Segeln in bewegten Wellen Schiffe ihre Bahn oder liegen still und abgetakelt, symbolisch für das Ende eines Lebenslaufes, im Hafen der Ewigkeit. Die meisten dieser Steine stammen aus dem 18. Jahrhundert, als Walfang und Seefahrt in Blüte standen und den Inselfriesen ein »Goldenes Zeitalter« bescherten. Es muß ein eindrucksvolles Bild gewesen sein, diese Flotte von Schiffen auf grauem Gestein im schlichten Grün des Friedhofsrasens.
Weitere Zeugen aus großer Seefahrerzeit sind wenige noch vorhandene Stuben in alten Häusern, von deren Wände blaue und braune Fliesen (Kacheln) leuchten. Und es sind auch noch einige Fliesentableaus mit Walfangszenen und Küstenschiffen zu sehen, ebenso sogenannte »Kapitänsbilder«, Ölgemälde von Segelschiffen, die zuletzt noch auf den berühmten Salpeterfahrten rund um das Kap Hoorn zur Westküste von Südamerika fuhren, von Amrumer Kapitänen geführt – ehe die aufkommende Dampfschiffahrt die Segelschiffe von den Weltmeeren vertrieb.

Friesentableau mit Schmackschiff –
Erinnerung an die Seefahrerzeit

2

51 Hauswand mit alten Tür- und Fensterformen

Zu dieser Zeit begann der Fremdenverkehr bereits den Insulanern neue, weniger gefährliche Erwerbsmöglichkeiten zu bieten, freilich auch das in sich gefügte Inselleben, bestehend aus Welterfahrung und heimatlicher Geborgenheit, aufzulösen. Und während immer noch, wie schon seit den 1870er Jahren Insulaner auswanderten, um in Nordamerika, vereinzelt sogar in Australien, eine neue Heimat und Existenz zu finden, wanderten in Zusammenhang mit dem Fremdenverkehr zahlreiche Dienstkräfte für die Hotels und das Bauhandwerk ein. Neue Namen tauchten auf und blieben. Und als dann einer dieser Eingewanderten eine Insulanerin heiratete obwohl er katholischen Glaubens war, wurde dies vom Pastor mit einem kräftigen Ausrufungszeichen vermerkt.

Das Dorf in der Inselmitte hat sich dennoch – wie auch das benachbarte Süddorf – jahrzehntelang dem Fremdenverkehr verschlossen, sich eigentlich erst nach dem Zweiten Weltkrieg diesem Erwerb geöffnet, dokumentiert vor allem durch die bauliche Entwicklung über die Westerheide zum Strande hin. Hier haben sich auch zahlreiche auswärtige Inselliebhaber Bauplätze erworben und Häuser gebaut. Ebenso ging manches alte Friesenhaus zum Liebhaberpreis an auswärtige Inselfreunde wie den Sänger Hermann Prey und den Schauspieler Peer Schmidt, die längst in das dörfliche Gesellschaftsleben integriert sind.

Geändert hat sich aber auch – und dies gilt für die ganze Insel – die Berufsstruktur. Es gibt in den alten Inseldörfern fast keine Bauern mehr. Im Laufe der Zeit wurden Scheunen und Ställe zu Ferienunterkünften ausgebaut, und wo vor Jahrzehnten und Jahren noch Kühe standen, wohnen jetzt Kurgäste, die dem Hausbesitzer einen leichteren und größeren Verdienst verschaffen als die Landwirtschaft auf dem mageren Amrumer Boden.

Friesenmädchen – geschmückt in festlicher Tracht

Heide im Blütenkleid des Ginsters im Juni . . .

Ein Friesendorf wird Nordseebad

Nördlich von Nebel öffnet sich die Landschaft mit sanftgewellter Feldmark und dunkelbraunen Heideflächen über mehrere Kilometer nach Norden, bis Norddorf hin, das sich über den abfallenden Geestkern hinunterzieht bis an die grünen Wiesen der eingedeichten Marsch.
Norddorf ist vermutlich das älteste Inseldorf. Siedlungsplätze unter der heutigen Oberfläche und im Westen unter den Dünen, reichen zurück bis in die ältere Bronzezeit. Der heutige Ort dürfte aber erst mittelalterlichen Ursprungs sein, darauf weist der Dorfname hin. Jahrhundertelang duckte sich das Friesendorf, im Westen von Dünen bedrängt, in den Windschutz des terassenartig angelegten Hanges – mit einem kleinen Hafen am Fleet der noch unbedeichten Wattenwiesen, und einem unvergleichlichen Blick über das Watt nach Föhr und über die leuchtenden Wanderdünen der Nordspitze nach Sylt.
Als dann im Jahre 1889 auf Wittdün das große Bauen begann, riefen die Insulaner Pastor Friedrich von Bodelschwingh, damit er »ein christliches Gegengewicht gegen das weltliche Wittdün begründe«. Bodelschwingh entschloß sich, zwischen Norddorf und der Nordspitze ein Seehospiz zu bauen, dessen eigenwillige Architektur dort noch heute vorhanden ist. Weitere Seehospize wurden dann vor und nach der Jahrhundertwende vom Norddorf zum Strande erbaut und im Zentrum ließ der aus Altona stammende Heinrich Hüttmann sein umfangreiches Hotelgewese errichten. Zuletzt begannen auch die Einwohner mit neuen Häusern im Stile der damaligen Zeit sich am Fremdenverkehr zu beteiligen, und das Dorf breitete sich mehr und mehr nach Süden über Feldmark und Heide, nach Westen in die Dünen hinein aus, so daß sich das ursprüngliche Friesendorf zu einem respektablen Badeort entwickelte.

57

Friesenhaus in Norddorf mit charakteristischem Giebel,
darauf die Initialen früherer Bewohner

Die Amrumer und ihre Gäste

Die Insulaner nennen sich selbst nicht Friesen, sondern »Öömrangen«, Amrumer, nach ihrer Insel, so, wie es auch die benachbarten Föhrer und Sylter tun. Und weil die Sprachüberlieferung oft unverändert und fein definiert, gibt es kompetente Wissenschaftler, die in Frage stellen, ob die Insulaner vom Ursprung her wirklich Friesen sind oder Reste von urgermanischer Bevölkerung, die sich mit eingewanderten Friesen aber auch Wikingern vermischten. Andere reden von Abwanderung in den ersten Jahrhunderten der Zeitrechnung und von erneuter Rückwanderung um Anno 800.

Die Insulaner halten sich für Friesen und sind stolz darauf. Da klingt – obwohl sie heute fast alle Dienstleistende des Fremdenverkehrs sind, Steuern zahlen und Wehrdienst leisten wie andere auch – noch immer mal etwas vom Mythos früherer Freiheiten auf, und man liest hier und da »Leewer duad üs slaav«, erblickt gemalt, geschmiedet und geschnitzt das Friesenwappen und sieht an Fahnenmasten die Fahne mit den Farben Gold, Rot und Blau.

Ende des vorigen Jahrhunderts zählte die Insel nur etwa 700 Einwohner, nahezu alle friesischen Ursprungs. Heute hat Amrum 2500 Bewohner, die man in Uramrumer von Geburt und Sprache und eingewanderte, hochdeutsche Inselbewohner unterscheiden muß. Dazu gehören fast alle Einwohner Wittdüns aber auch viele Eingewanderte und Eingeheiratete in anderen Inseldörfern. Der Urinsulaner spricht noch überwiegend Friesisch, eine selbständige, westgermanische Küstensprache, und zu gewissen Festtagen tragen die Frauen eine, die weibliche Würde außerordentlich betonende Tracht. Natürlich haben viele auch noch inselspezifische Namen wie Jannen, Jensen, Lorenzen, Martinen, Peters und Ricklefs, die noch von der alten patronymischen Namensgebung herkommen. Aber auch die Familien Flor, Quedens, Schuldt und Schmidt sind seit Jahrhunderten auf Amrum ansässig.

Das Erwerbsleben der Insulaner war fast immer zur See gewandt. Zusammen mit den Wikingern beteiligten sie sich an den Raubzügen längs der Küste und hinüber nach England, betrieben im 15. und 16. Jahrhundert die Heringsfischerei, fuhren vom 17. bis Ende des 19. Jahrhunderts auf Walfang und Handelsseefahrt und leben seitdem von Fremdenverkehr, beziehungsweise vom Meer, das Erholungssuchende nach Amrum lockt.

»Baaselidj«, Badeleute, nennen die Insulaner ihre Gäste, und manche teilen das Jahr nach deren Besuch in drei Jahreszeiten ein: Die Kurgäste sind noch nicht da – sind da – sind wieder weg. Nun ist der echte Amrumer Kurgast aber auch von besonderer Art. Man erkennt ihn schon in der Bahn, spätestens auf der Fähre, im Unterschied zum Besucher der Insel Föhr. Dem »Amrumer« fehlen nämlich alle textilischen und sonstigen Tribute für Strandpromenade und Kurkonzert. Vielmehr trägt er den »Friesennerz«, das gelbe oder blaue Ölzeug, um Wind und Wetter zu genießen. Und als vor Jahren einmal die Sonne monatelang unbarmherzig vom Himmel schien, beschwerten sich nicht wenige über Mangel an Regen und Wind und sagten: »Dann hätten wir ja gleich nach Italien fahren können . . .«

Im Zeichen des Massentourismus mag inzwischen manches anders geworden, mancher Individualist weggeblieben sein. Aber grundsätzlich gilt doch noch immer der alte Spruch: »Nach Amrum kommt man einmal und immer oder einmal und nie wieder«.

Landschaft unter Lerchenliedern

Sanft schwingen sich die großflächigen Wellen des saaleeiszeitlichen Geestlandes zwischen den Inseldörfern hin, steigen an und neigen sich ab, mit Getreide- und Kartoffelfeldern, mit Koppeln auf denen Kühe, Pferde oder Schafe grasen, Muster in Gelb und Grün in die Landschaft zeichnend. Dazwischen liegen große Brachlandflächen, die seit Jahren kein Pflug mehr aufgerissen hat, weil, wie gesagt, auf Amrum die Bauern am Aussterben sind.
Hier auf dem Brachland darf sich die urtümliche Vegetation frei entfalten. Da leuchten zu verschiedenen Zeiten zwischen Frühling und Herbst die gelben Blüten des Lein- und Labkrautes, die gelben Sterne des Habichtskrautes, die blauen Kelche der Glockenblumen, das Violett der Feldstiefmütterchen oder das Rosa der Grasnelken in bunten Blumenwiesen und am Wegrand durcheinander. Mancherorts ist sogar die seltene Karthäusernelke zu finden und auch der Ginster hat hier die Freiheit, sich zu entfalten – alles Pflanzen, die unfruchtbaren, sandigen Boden lieben und dennoch unter dem hohen nordischen Sommerhimmel heller aufleuchten als andernorts. Botaniker schreiben dies dem Insektenmangel auf den Nordseeinseln zu, die zur Auslese besonders stark glühender und Insekten anlockender Blüten geführt hat.
Und über allem steigen hunderte von Lerchen singend in die Luft und füllen bis weit in die Sommermitte hinein den Himmel mit ihren Liedern aus. Vor einem Wildkaninchenbau im alten Hügelgrab spielen Jungtiere im warmen Sand und von irgendwoher warnt ein Rebhahn verborgen im Kraut. Hier auf dem Felde ist immer Frieden, kaum jemand wandert auf den holprigen Wegen. Auch mitten in der Hochsaison, wenn es auf der Insel von Menschen wimmelt, kann man ungestört im Grase liegen, den über Wattenmeer und Föhr entschwindenden Wolken nachsehen und sich vom Wind den Duft von Heu und Blumen in die Nase tragen lassen.
Am Ostrande fällt die Inselgeest zum Wattenmeer ab, an einigen Stellen mit Kliffkanten plötzlich am Ufer endend, an anderen Stellen von Wattenwiesen gesäumt. Nach Westen hin aber liegt die Amrumer Feldmark seit Jahrhunderten im ständigen Grenzstreit mit der Heide und dehnte sich hier je nach den Zeiten mal mehr mal weniger aus. Bis um Anno 1800, als die Seefahrt dominierte, wurde die Landwirtschaft in eingeschränktem Maße von den Inselfrauen betrieben, und zwar nach den altgermanischen Regeln der »Feldgemeinschaft«. Dabei galten auch so eigenartige Landmaße wie »Ammerland«, eine Fläche, die mit einem Eimer Getreide besät werden konnte, ferner »Läästaal« (Lastzahl) für die Heumenge, die eine bestimmte Wiesenfläche erbrachte, und »Bältring« für eine Fläche, die eine angeleinte Kuh als tägliche Nahrungs-

grundlage benötigte. In dieser Zeit drang die Heide bis zum alten Kirchweg zwischen Norddorf, Nebel und Süddorf vor. Als dann im Jahre 1799 auf königliche Anordnung die Aufhebung der Feldgemeinschaft und die Zumessung der Ländereien zum festumgrenzten Individualbesitz erfolgte, bald darauf dann die Seefahrt infolge der Napoleonischen Kriegswirren lahmgelegt wurde, begannen sich die Insulaner auf den eigenen Boden zu besinnen. In mühsamer Arbeit wurde die Heide rekultiviert, teilweise bis an den Dünenrand heran, wo wegen des Sandfluges kaum noch etwas zu ernten war. Die Hinwendung zum Fremdenverkehr um 1900 wendete dann wiederum das Blatt. Feld um Feld wurde aufgegeben und die Heide holte sich das Verlorene zurück.

In der Inselmitte stoßen Heide und Dünen aufeinander

Über die Heide . . .

Im Gesichts- und Erinnerungskreis unserer Zeit war die ganze Inselmitte von Heide bedeckt. Kilometer um Kilometer zog sich die schwermütige Weite mit dem Gewirr schwarzbrauner Besenheide und immergrüner Krähenbeere dahin, geschmückt nur von der flammendgelben Blütenfülle des Besenginsters im Mai und dem Rosarot der blühenden Heide im August, an der Neige des Sommers. Eine Landschaft, die der seltenen Sumpfohreule als Brutplatz gefiel. Und wenn ein Wanderer in der Brutzeit über die Heide ging, dann hoben sich hier und da die Eulen lautlos aus dem Kraut und begleiteten ihn mit bösen Augen wie unheimliche Geister. Auch für die Eiderenten war die Heide ein beliebter Nistplatz. Regungslos duckten sie sich bei Störung und Gefahr auf den Daunenkranz ihres Nestes und wurden dank ihres braungesprenkelten Gefieders fast unsichtbar eins mit dem Kraut.

Doch ansonsten bietet die Heide nur wenigen, angepaßten Tieren einen Lebensraum. Es ist eine Landschaft, einsam, schwermütig und still. Aber gerade in scheinbarer Leere breiten sich Träume und Gedanken aus, und wir verweilen und denken darüber nach, warum gerade die Heide immer wieder Raum für poetische Empfindungen war, Gedanken beflügelt vor allem bei Theodor Storm. Wer kennt es nicht, sein »Abseits« und »Über die Heide hallet mein Schritt . . .« Und nicht weniger eindrucksvoll in Wortklang und Tiefe der Sylter Jens Mungaard mit seinen Versen: »Die Heide ist Braut . . .« So sagt man hier, wenn die Heide blüht.

Bis Mitte unseres Jahrhunderts hin lag die Amrumer Heide fast ungestört da. Nur wenige Bäume und kleine Wäldchen waren hier und da eingestreut, aber kein Haus. Doch dann erfolgte um 1950 die Ausweisung umfangreicher Bebauungsflächen auf der Westerheide von Nebel und Süddorf und gleichzeitig begann eine großflächige Aufforstung. Die Heide wurde umgepflügt, teilweise sogar mit einem Tiefpflug, um die Ortsteinschicht zu durchbrechen. Anschließend wurden Millionen von Fichten, Kiefern, Lerchen, Erlen und Eichen gepflanzt. Aus handhohen Setzlingen wuchsen Bäumchen, aus diesen Büsche, in deren Schatten alles andere, des Lichtes beraubt, zu sterben begann. Lange noch konnte man dann über die Spitzen des jungen Waldes von Dorf zu Dorf und bis zum Leuchtturm sehen, und eines Tages war dann der Wald da, der den Blick über die Weite und das Zusammenfließen von Horizont und Himmel verdeckte.

Nur da und dort blieben einige größere Heideflächen von der Aufforstung verschont und vermitteln der Gegenwart ein Bild der einstigen Amrumer Urlandschaft. Rund 300 Hektar Wald stehen heute zusammenhängend oder als Einzelgehölze verstreut auf der Insel, vor allem mit

In der Vogelkoje – windverbogene Birken im zarten Frühlingsgrün

Kiefern und Fichten. Düster und still reihen sie sich mit einem Wirrwarr abgestorbener unterer Äste aneinander. Sie haben sich gegen den Westwind und Wildkaninchenverbiß am besten behauptet und den Laubbäumen dazwischen kaum Luft und Leben gelassen. Unter den immergrünen Kronen herrscht melancholische Dämmerung auf bemoostem oder von einer dichten, rotbraunen Nadelschicht bedecktem Grund. Unheimlich klingt im Frühjahr das dumpfe »U – u« der Waldohreule aus dem Dickicht und vereinzelt und verloren die Triller des Zaunkönigs und das Quitschen der Heckenbraunelle.
Aber verschlungene Waldwege führen immer wieder hinaus zum Licht, öffnen sich zur Feldmark und Heide oder hinauf zu den Dünen. Auf halbem Wege zwischen Nebel und Norddorf am Dünenrand dann plötzlich ein Wäldchen ganz anderer Art, ein Hain von windverbogenen, lichten Birken, darin ein reetgedecktes »Hexenhaus« – die Vogelkoje. In dieser altertümlichen Anlage wurden früher durchziehende Wildenten gefangen. Der große Teich in der Kojenmitte sowie ein zu Anschauungszwecken hergerichteter Fangkanal mit Netzen und Reuse erinnern daran, daß hier in der Zeit von 1866 bis in die 1930er Jahre hinein rund 420000 Spieß-, Pfeif- und Krickenten ihr Leben ließen. Heute ist die Vogelkoje ein Tierparadies mit freilebenden Wildenten und Graugänsen, die in der Koje oder im Gelände drumherum ihre Jungen ausbrüten.

Sterbende Kiefern am Dünenrand

Im Auf und Ab der Dünen

Hinter Heide und Nadelwald liegt das Auf und Ab der Dünen, das Durcheinander der halmgrünen Hügel und sandgelben Täler, der unruhigen Wanderdünen und der stillen, festbewachsenen Flächen mit Kriechweide, Krähenbeer- und Heidekraut.

Dünen sind eine Gabe des Meeres, das Sandmassen an die Inselküste warf. Die Sonne trocknete den Sand und der Wind blies ihn landeinwärts über Strand, Kliffkanten und Geesthöhen hin. Doch niemand weiß, wann dies genau geschah. Darüber gehen die Meinungen der Geologen weit auseinander. Einige halten die Dünen für jahrtausendealt, andere vermuten ihre Entstehung erst nach der Wikingerzeit, weil im Bereich der Dünen neben älteren Kulturspuren noch solche aus der Zeit dieses normannischen Seefahrer- und Seeräubervolkes gefunden wurden. Die Wikinger aber waren erst vom 8. bis 10. Jahrhundert hier. Die Entstehung und Gestaltung der Inseldünen ist das Großartigste, was die Natur auf diesem Eiland geschehen ließ. Und in keiner anderen Insellandschaft spricht sie uns eindrucksvoller an als hier mit ihren windgeformten Gebilden, die dem Westwind gehorchend, noch immer in Veränderung sind.

Wellenartig überfluteten damals die Sandmassen das Land und zwangen die Menschen in den weiter westlich liegenden Siedlungen zum Rückzug. Erst in der Inselmitte legten sich die Dünen zur Ruhe, wozu die von der Landesherrschaft angeordnete Bepflanzung mit Strandhafer beitrug – eine Maßnahme, die auch in der Gegenwart noch lokal nötig ist, um den Sandflug über Kulturland zu verhindern.

Besonders hoch sind die Dünen südwestlich von Norddorf und westlich gegen die Vogelkoje aufgeweht. Ihre Kuppen liegen bis zu 32 Meter hoch über dem Meer. Zwischen diesen und anderen aufgewehten Sandhöhen, die eine zeitlich zusammenhängende Entstehung erkennen lassen, liegt eine verwirrende Vielfalt fast chaotischer Einzelhügel und -Täler, von scheinbar launischen Windverhältnissen ohne jegliche Gesetzmäßigkeit aufgebaut. Dazwischen dann Ruhe in dunklen Heidekusseln oder in den lang hingestreckten Tälern mit dichtem Heidekraut oder dürftigem Sandseggengras. Manche dieser Täler sind so tief, daß sie fast bis zum im Dünenbereich hochstehenden Grundwasser reichen und in sich kleine Minimoore mit einer reizvollen Flora gebildet haben. Da leuchtet es zu den verschiedenen Sommerzeiten rot vom Sonnentau, rosa von Glockenheide, hellgrün von Moosen und Sumpfbärlapp. Da neigen sich weiße Flocken von Wollgras im Wind, da stehen die blaugrünen Büschel der Rauschbeere, mit blauen Beeren überfüllt, und spät, erst im August der Lungenenzian mit seinen azurblauen Kelchen, die sich nur im Sonnenschein öffnen.

Mancherorts haben sich einzelne Bäume, Birken und Krüppelkiefern durch Wind oder Vogelkot angesät und versuchen sich auf dem unfruchtbaren Boden zu behaupten. Und von besonderem Reiz ist ein Birkenhain in einem Tal an der Satteldüne. Vor mehr als einhundert Jahren wurden hier Bäume in den Sand gepflanzt, aber sie sind in all den Jahren an der Wetterseite kaum mannshoch geworden, die Stämme verschroben, vom Winde gebeugt. Der Wind hat auch den Kronen nicht erlaubt, über den Windschutz der umliegenden Dünen emporzuwachsen – und doch zieht auch hier auf wundersame Weise der Frühling ein, läßt im Mai das zartgrüne Laub aus den Zweigen sprießen, füllt das kleine Tal mit dem Duft von Birkensaft und dem melodischen Lied des Laubsängers.
Krone dieser Dünenlandschaft aber sind die großen Wanderdünen im Fleeghamtal und an der Vogelkoje. Wanderdünen entstehen durch den Aufriß großer Dünen an der Luvseite und dem anschließenden Durchbruch freigewordener Sandmassen, die mit jedem Weststurm ostwärts fluten und als leuchtende, fast vegetationslose Sandwälle mit steilem Leehang einfallen, als immer weiter drängende Masse alles unter sich begrabend.

Hier ging ein Eiderentenpaar

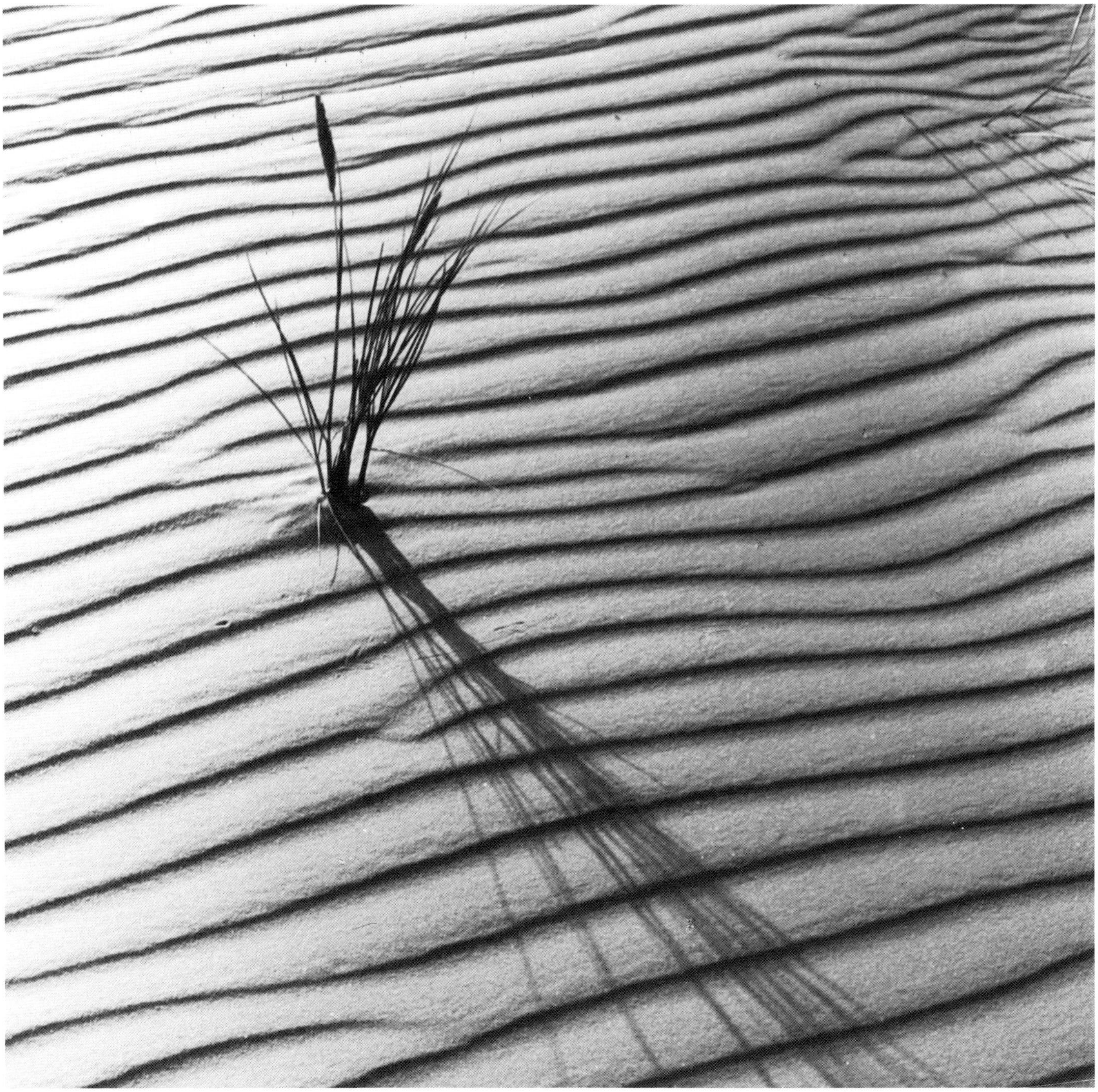

Wo Dünen auf dem Geestgrund liegen, treten in ausgewehten Tälern Steingerölle und Findlinge zutage, aber auch Zeugen vor- und frühzeitlicher Besiedlung. Im Tal der großen Wanderdüne an der Vogelkoje ist vor Jahrzehnten ein mit Findlingen umsäumtes Riesenbett mit zwei Grabkammern aus der Jungsteinzeit freigeweht, und unmittelbar daneben wurden Reste eines Dorfes mit zimbrischen Häusern aus den ersten Jahrhunderten unserer Zeitrechnung entdeckt. Im Skalnastal finden wir die bereits erwähnten Grabsetzungen der Wikinger. Dort und da liegen ausgegrabene oder noch unversehrte Hügelgräber aus der Bronzezeit. Und im dunklen Boden der Dünentäler entdeckt ein kundiges Auge überall Spuren ehemaligen Ackerbaus.
Aber nicht alle Dünen liegen auf der Inselgeest. Im Süden der Insel, vom Leuchtturm an bis zur Südspitze Wittdüns, sind sie als Nehrungshaken einst aus dem Meer aufgewachsen. Ein Nehrungshaken ist auch die Amrumer Nordspitze, die auf flachen Geestplatten liegt. Während sich aber vor dem Amrumer Südstrand noch immer neue Dünenwälle bilden – wobei durch den Einschluß einer früheren Strandzone erst in jüngster Zeit der großflächige Strandsee bei Wittdün-Wriackhörn entstand – liegt die Nordspitze an ihrer Westseite seit Jahrzehnten im Abbruch. Bei Sturmfluten steht die Brandung hoch gegen den Dünenwall, steilt ihn durch Unterspülung an und bringt die überhängenden Sandmassen zum Absturz. So setzt eine einzige große Flut den Küstensaum um mehrere Meter zurück, und die Amrumer Nordspitze wäre verloren, wenn nicht von Südwesten her der Kniepsand heranwandern und sich allmählich schützend vor den Strand legen würde. Seit 1937 ist die Nordspitze Natur- und Vogelschutzgebiet. Eingebettet in einem windgeschützten Tal liegt das kleine, reetgedeckte Haus in dem die Vogelwärter wohnen. Die übrige Amrumer Dünenwelt wurde 1971 unter Naturschutz gestellt.

Steinzeitgrab – freigeweht und wieder versandet

Karthäusernelke
Lungenenzian

Glockenheide
Sonnentau

Dünenrose
Stranddistel

Ginsterbusch und Kartoffelrose (Rosa rugosa)

Lebensraum der Seevögel

Zwischen April und August beginnen sich die Inseldünen Jahr um Jahr mit vielfältigem Leben zu füllen – mit See- und Strandvögeln, die hier zur Brut schreiten. Bereits gegen Ende Februar schweben die Silbermöwen an sonnigen Tagen, begleitet von jauchzenden Rufen, über dem Brutrevier und besetzen ab April als leuchtende Punkte in Paaren die Hügel und Täler. Zu dieser Zeit lärmen auch schon die Austernfischer im Gelände und ein einsamer Brachvogel läßt seine melodischen Balztriller hören. Anfang Mai entdeckt man dann im Dünensand die Spuren der großen Eiderenten, die über weite Strecken zu ihren Nestern in Halm oder Heide wandern. Den ganzen Sommer über lebt diese Landschaft von den Vögeln, von ihren Rufen und der Geschäftigkeit des Brutgeschehens. Und wer den Nestern und Jungen der Silbermöwen zu nahe kommt, wird nicht selten mit wütenden Sturzangriffen durch diese großen Vögel vertrieben. Im September wird es wieder still. Die letzten Möwenjungen sind flügge und verlassen, noch im braungesprenkelten Federkleid, die Dünen. Um diese Zeit sind schon nordische Vögel auf dem Rückzug. Regenbrachvögel fallen mit melodischem Läuten scharenweise in die Heidetäler ein und suchen nach reifen Krähenbeeren. Herbstregen füllt die Senken mit Wasser auf und im grünen Moos leuchten Pfifferlinge. Dann ist auch diese Zeit gewesen und für Monate breitet nun der Winter seine Einsamkeit über dieser Landschaft aus.

Rufende Silbermöwen und ihre Jungvögel füllen im Sommer die Inseldünen mit Leben

Kniepsand mit aufgewehten Dünen

Kniepsand – Landschaft des Windes

Die eigenartigste Landschaft der Insel ist der Kniepsand, auf seiner Nordhälfte einen halben, auf der Südhälfte fast einen Kilometer breit der Küste vorgelagert, als eine von Wind und Wellen plattgeformte Fläche fassungsloser Weite und Einsamkeit. Aber die Leere und Einförmigkeit dieser gewaltigen, unüberschaubaren Sandbank ist nur scheinbar – tatsächlich ist keine andere Insellandschaft seit Jahrhunderten ähnlichen Naturkräften ausgesetzt und ähnlichen Veränderungen im Kleinen und Großen unterworfen, wie der Kniepsand. Noch immer erfolgt von See her neue Sandzufuhr und er wächst und wandert, am auffälligsten nach Norden, zur Nordspitze hin, aber auch am südlichen Ende bei Wittdün.

Und immer auch verändert sich das Bild des Kniepsandes im Wechsel von Wetter und Jahreszeiten. Im Frühjahr und Herbst, wenn Sturmfluten über den Strand gestiegen sind und nach der Überflutung feuchtglänzende Flächen und Pfützen zurückblieben, spiegeln sich Wolkenstimmungen unbegreiflicher Schönheit darin. In warmen Sommern, wenn der Oberflächensand trocken wird, beginnt er wie Schnee zu leuchten. Die Schatten der Wolken fliegen darüber hin und ab mittleren Windstärken macht sich der Sand selbst auf und stiebt in langen Schlieren über die Ebene gegen den Dünensaum der Insel. Wo einzelne Salzpflanzen, Salzmiere, Binsenquecke, Strandroggen oder Meersenf aufgewachsen sind, fängt sich der Sand und sammelt sich zu kleinen Dünen an. Schließlich ist dann um die Sommermitte der Kniepsand überall mit solchen Dünenhumpeln übersät. Andernorts bilden sich halbmondförmige Barchane mit Mustern von welligen Rippelmarken, und die ganze Sandbank gleicht einer Wüstenei. – Bis dann im Herbst durch Sturmfluten alles wieder einplaniert wird, ein Vorgang, der sich von Jahr zu Jahr wiederholt. Nur auf dem Kniep am Quermarkenfeuer vermag sich ein flaches, festbewachsenes Dünengelände zu behaupten. Seltene Pflanzen, darunter die Stranddistel und das Tausendgüldenkraut wachsen darin, und im Sommer lärmen hier hunderte von Seeschwalben und Sturmmöwen, die in den Dünen nisten.

Am eindrucksvollsten aber ist der Kniepsand im Winter, wenn Wellen und Wind Sandburgen, Bretterbuden und alle anderen Spuren sommerlichen Menschentreibens eingeebnet haben und alle Dinge auf die Natur bezogen sind. Einzelne Möwen erscheinen nun unendlich groß – ferne Strandwanderer unwirklich weit und verloren. Unübertrefflich aber ist der Eindruck der Einsamkeit, wenn in diesiggrauer Schneeluft alle Konturen verfließen und rundum kein Ende vom Sand und kein Anfang vom Himmel zu sehen ist.

Sandfahnen im Windlee von Muschelschalen

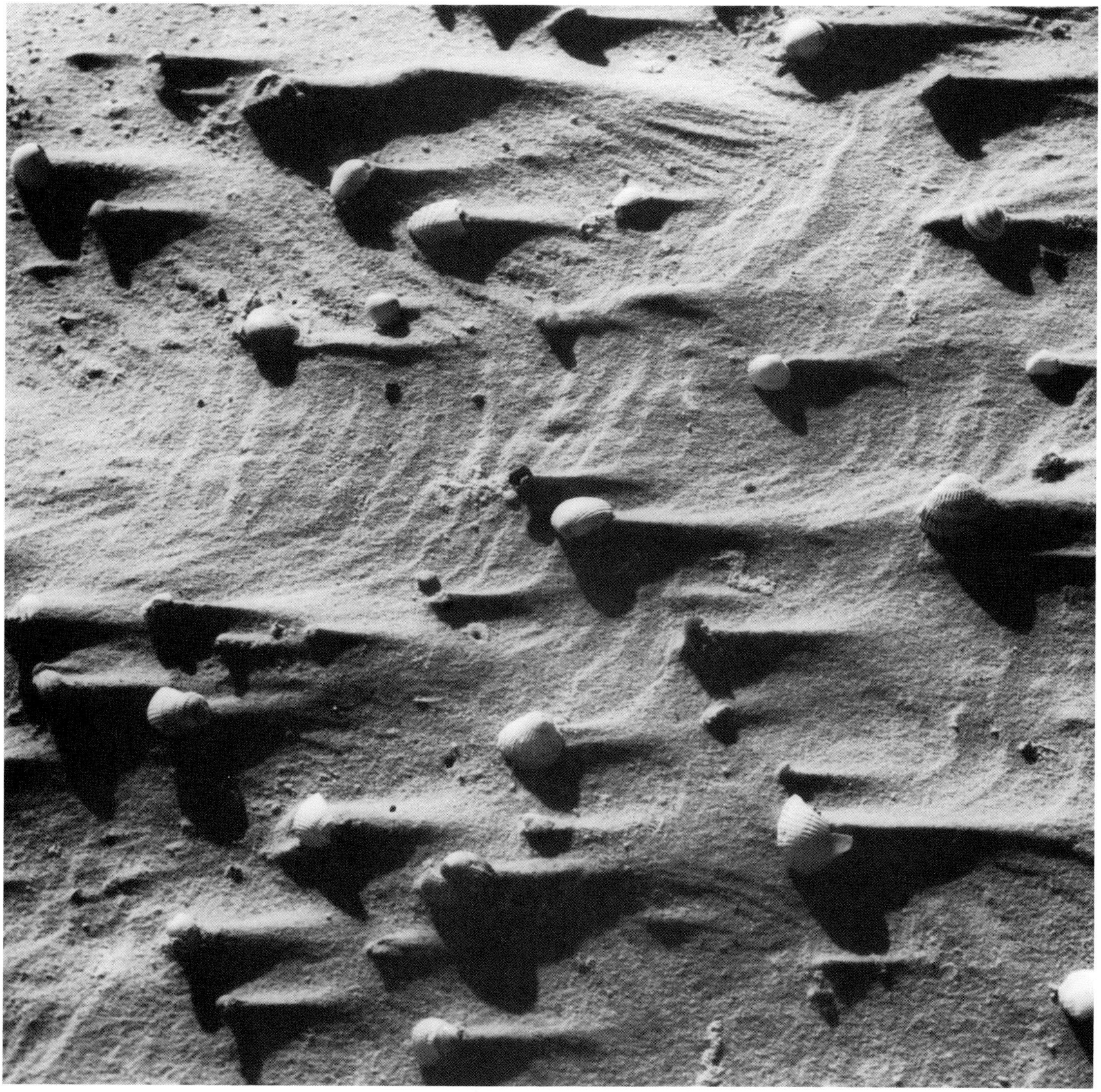

Auf Luftbildern und Landkarten vergrößert sich die rund 20 Quadratkilometer große Inselfläche optisch durch den Kniepsand um etwa 10 auf 30. Aber tatsächlich gilt diese hohe Sand- und Strandfläche im geologischen Sinn nicht als Landteil der Insel Amrum, sondern als eine Meeressandbank, die durch eine glückliche Laune der Natur mit dieser verbunden ist und fast die gesamte Westküste gegen die Abbaukräfte der Brandung schützt.
Vor kaum zweihundert Jahren lag der Kniep noch als schmaler Sandarm weit vor der Insel, nur im Südwesten mit ihrer Dünenküste vereint. Vom Norden her griff eine eigenartige Meeresbucht, der »Kniephafen« hinein, so tief, daß hier Austernkulturen wachsen konnten. Selbst größere Schiffe konnten vor Anker gehen. Die ursprüngliche Zangenform mag auch den Namen Kniep begründet haben, denn der Name ist nicht sehr alt und kniep heißt auf friesisch kneifen. Erst gegen Ende des vorigen Jahrhunderts begann von Süden her der Kniephafen zu versanden. Rettungsstationen und Brücken der damaligen Schiffslinie nach Hörnum mußten mehrere Male nach Norden verlegt und schließlich aufgegeben werden, weil die Sandwanderung nicht nachließ. Sie dauert auch in der Gegenwart noch an. Große Sandbänke greifen seewärts hinaus und werden allmählich durch Strömung und Brandung dem Kniepsand angefügt.

Quermarkenfeuer – einsamer Wächter am Amrumer Strand

Brandungsschaum vor der steigenden Flut

Am Wattenmeer

Der Kniepsand mit seiner Meeresbrandung begrenzt die Insel zur ruhelosen Nordsee – ganz anders dagegen die Ostküste Amrums mit dem stillen Wattenmeer und dem Atem der Gezeiten, Ebbe und Flut.

Bei Ebbe breiten sich bis hinüber nach Föhr gelbe Sandwatten und feuchtglänzende, blaugraue Schlickflächen aus. Hingestreut über die Weite gehen tausende von Vögeln, Möwen, Austernfischer, Strandläufer und Brandgänse der Nahrungssuche nach, stochern im Boden und schnabulieren in den Pfützen nach Kleingetier. Schlangen von Menschen, Wattenwanderer, sind zwischen Föhr und Amrum unterwegs und lösen sich in der sonnenflimmernden Ferne wie Fata Morgana auf. Glasig schweben südwärts die Halligwarften über dem Horizont.

Stunden später hebt im Schlick ein eigenartiges Wispern und Zischen an. Millionen winziger Schlickkrebse und andere Seetiere drängen sich jetzt erwartungsvoll an die Oberfläche – die Flut kehrt zurück. Die hingeschlängelten Bänder der Priele verbreitern sich, ufern nach allen Seiten aus. Auf den Ebenen des Sandes und des Schlicks vereint sich die steigende Flut und läuft, flockige Schaumkanten und aufgeregte Seevögel vor sich hertreibend in breiter Front gegen die Küste, bis alles blau von Wasser ist, alles zu schwimmen beginnt und Segelboote aus dem Hafen ziehen. Nur Stunden später fällt das Wasser wieder unauffällig zurück, legt Boote auf den Grund und gibt nasse Watten frei, auf denen sich abermals Vögel versammeln.

So lebt das Wattenmeer an der Amrumer Ostküste im Tidenwechsel hin und her, stündlich neue, andere Landschaftseindrücke vermittelnd.

Die Küste als solche zeigt ein nicht weniger vielfältiges Bild. Das Dünenufer der Nordspitze wechselt über zu grünen Wattenwiesen mit einer eigenartigen Pflanzenwelt, mit rosavioletten Teppichen des Strandflieders, eingestreuten blauen Strandastern, silberglänzendem Strandbeifuß und anderen Arten, die salzverträglich sind. Vor dem Asphaltdeich der Norddorfer Marsch – er wurde 1962 anstelle des in der großen Orkanflut zerstörten Rasendeiches gebaut – liegt ein bis Haus Burg hingedehntes Lahnungsfeld aus Buhnen, in deren Schutz sich Queller und Schlickgras ausgebreitet haben und die Landgewinnung fördern. Bis hinter Nebel zieht sich dann das ungeschützte Wattufer mit den teils steilen Abbruchkanten längs der Wattwiesen weiter und läuft hinein in das Kliff, setzt sich mit geröllreichem, sandigen Strand bis zum Deich zwischen Steenodde und Wittdün fort und endet schließlich an der ostseitigen Dünenküste der Amrumer Südspitze.

Brandgänse
Austernfischer

Eiderente
Rotschenkel

Ebbe im Amrumer Watt

Wolkenhimmel

Über Insel und Meer spannt sich von Horizont zu Horizont der Himmel, der nirgends so eindrucksvoll ist, wie über dieser Landschaft. Sie gehören zusammen, der Himmel mit seinem Wolkenspiel und das Land, ergänzen sich, widerspiegeln sich, geben sich gegenseitig den besonderen Charakter.
Vom Westwind getrieben, steigen von See her fast immer Wolken auf, segeln mit ihren Schatten heran, werden auseinandergepflückt und umgestaltet und treiben ostwärts hinweg. Jede Jahreszeit und jedes Wetter hat seine Wolkeneigenart, sein besonderes Licht. Die Himmelsszenerie des Sommers wird geprägt von weißen Flocken oder samtgrauem Gewölk, das fast unbeweglich am blauen Himmel steht. Im Frühjahr und Herbst türmen sich wahre Wolkengebirge mit leuchtenden Rändern auf und regnen sich, näherkommend, aus. Besonders dramatisch ist das Himmelsgeschehen im Sturm, wenn schwarzblaue Wolkenwände über weißschäumende Brandungswellen aufziehen und unter prasselndem Regen oder Hagel die Insel regelrecht überfallen. Bricht dann zwischen dem fliegenden Gewölk die Sonne durch, spannt sich ein Regenbogen herab. Ein anderes Mal ist der Himmel von einer dichten graugrünen Wolkendecke ganz überzogen und es scheint, als wolle er die Landschaft erdrücken. Dann wieder wölbt er sich in sommerlichem Seidenglanz oder ist ganz hochgerückt in tiefem Blau – über Amrum – der Insel. Und immer fliegen Möwen am Himmel.